JN439035

착각의 시학 을지로 시동인 2집

그 숲에서 향기를 듣다

김도남 / 김가론 / 김들샘 / 설주 / 해솔

착각의 시학 을지로 시동인 2집

그 숲에서 향기를 듣다

초판인쇄 2018년 12월 24일
초판발행 2019년 1월 5일

지은이_ 김도남 김가론 김들샘 설주 해솔
발행인_ 이현자
발행처_ 도서출판 현자

등 록_ 제 2-1884호 (1994.12.26)
주 소_ (우)04550 서울시 중구 수표로 50-1(을지로3가, 4층)
전 화_ (02) 2278-4239
팩 스_ (02) 2278-4286
E-mail_001hyunja@hanmail.net

값 10,000원

ISBN 978-89-94820-45-3 03810

이 도서의 국립중앙도서관 출판예정도서목록(CIP)은 서지정보유통지원시스템 홈페이지(http://seoji.nl.go.kr)와 국가자료종합목록시스템(http://www.nl.go.kr/kolisnet)에서 이용하실 수 있습니다. (CIP제어번호 : CIP2018042510)

착각의 시학 을지로 시동인 2집

그 숲에서 향기를 듣다

도서출판 현자

서문

매년 이맘때면 많은 문학동호인들이 문집을 엮어낸다.

착각의 시학 '을지로 시동인'의 첫 번째 동인집 《빈 젖, 그 비탈진 그리움》을 첫 출간한 지가 벌써 1년이 지났나 보다. 금년에 두 번째 동인지 《그 숲에서 향기를 듣다》를 출간한다 하니 참으로 기쁘지 않을 수가 없다. 대견스러운 일이다.

일 년 동안 가슴으로 경험으로 내면에 잠재해 있는 상상의 불꽃을 은유로, 직유로 풀어내는 동인의 작품 하나하나가 진주가 되어 가는 듯하여 기꺼이 서문을 쓰는 사람으로서 대단히 기쁘다 할 것이다. 낮에는 업무에 충실하고 밤에는 시의 향기를 피워 올렸던 한 해를 기억하며 서로에게 의미 있는 온기로 남기를 바랄 뿐이다.

시작 활동은 원칙적으로 시 동인지 활동으로부터 시작하는 것이 창작활동에 도움이 된다고 나는 생각한다. 이 말은 동인활동이 그만큼 시작 과정에서 경륜은 물론 시 습작의 연륜을 갖는다는 면에서도 그렇지만 시의 생리가 서로 다른 작품들을 한 자리에 모아 본다는 의미도 크게 보람된 일이기 때문이기에 그렇다는 말이다.

나는 젊었을 때 2~3군데의 동인 활동을 했다. 여러 가지 어려운 면도 있었지만 나름대로 동인 활동을 하면서 나의 시세계를 구축하는 계기가 되었다는 것을 8권의 시집을 낸 오늘에 이르러도 동인활동에서 얻은 값진 창작의 세계에 대하여 고마운 시간이었다고 생각한다.

동인지를 꾸미기 위해 노력하고 동분서주하며 어떤 경쟁의식 같은 것을 지나고 나서야 비로소 동인지가 탄생되는 법이다. 시작활동에서 이런 과정이 크게 작용하기 때문이다.

어떤 시인은 한 때 동인지에 실었던 자신의 작품을 평생 못 잊는 일이 있다고도 한다. 그만큼 동인지의 지면은 순수하다는 뜻이다.

앞으로 내가 바라는 것은 이 동인지가 한두 번에 끝나지 말고 계속하라는 것과 함께 했던 동인들이 더욱 합심으로 정진하여 우리 시단에 크게 이바지하라는 점을 부탁하고 싶다.

어느 정도 세월이 흐른 뒤에도 이 동인지를 찾는 사람들이 있게 되기를 바라는 말로 동인들의 정진을 바란다.

-김경수 (시인, 문학비평가)

목차

김도남

김가론

목차

| 김들샘 |

| 설 주 |

목차

| 해 솔 |

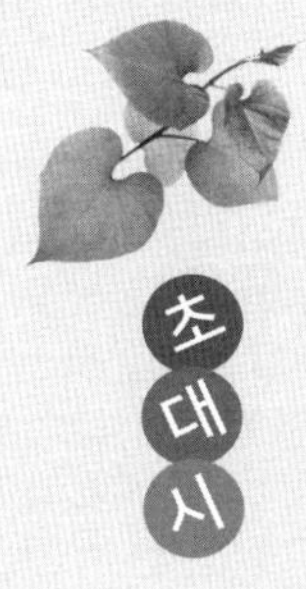

초대시

이늦닢

/

장수현

/

권중화

이늦닢

등잔 밑 외 1편

직립보행인 인간이
허리 굽혀 수고할 필요는 없다고 생각했지
수직으로만 비추는 빛
눈높이는 늘 위로만 치솟아 굴절의 각도는 없다고 부인했지
인산인해로 폭염을 이루는 거리에서
통증 없는 어깨 부딪침 정도는 예삿일
골치 아픈 이해타산은 금물
서로가 가벼운 눈인사 한 번 나누면 해결되지

어느 날
네 맘이 내 맘 같고 내 맘이 네 맘 같다며
작은 깃털 하나 하늘로 날리다 돌풍을 만났지
예고 없는 추락은 몸을 반으로 접어 아래로, 아래로 향했지

그때 보았지
통통 부은 발등 아래
상처라는 물웅덩이 깊게 있음을

무수한 일화가 난무하며 쌓인 그 곳을

날탱이 보고서
– 삼촌 일기

주식, 자본주의 꽃
막노동, 노동시장의 꽃

새벽 인력 시장
4시부터 기다렸건만
재수 없게 나서부터 잘렸다

선지 해장국 6천 원
소주 2병 6천 원
오늘도 외상이다

해가 떠도
해가 숨은 날
일거리 없음에 피가 마른다

삼거리 화투 방을 피해 집으로 오는 길
지퍼도 못 연 가방, 연장들이 수런댄다
어깨가 천근이다

후드득
빗방울 소리
궁리가 깊어지는 밤이다

초대시

장수현

멀고 깊은 말에 대하여 외 1편

장항선 새벽열차에 어지러이 뭉쳐진 말들
부랑자의 시간을 지운 동공 없는 말들
밤새워 나뒹구는 소주병에 젖은 말들

어둠을 유혹하며 맴돌다 스며드네

그 말은 빛을 멀겋게 투영하는 창틀에
입었다 벗어놓은 순백의 고독이 되었네

언어의 가지 끝에서 백야를 찾아 헤매던 그 말은
깊이 빠지고 멀게 젖어가는 소멸의 속성에도
맨홀을 열고 끄집어낸 갈기 없는 말이네

허공으로 흩어진 그 잔재의 무게들을 부리로 쪼아댄
난파의 묵언에 생성된 낮은 산들이 침몰하는 슬픔이네

겨울의 숲에 갇힌 홀딱벗고새 한 마리도
'홀딱벗고' '홀딱벗고' 우는데
날지 못한 온몸을 그득 감싼 언어의 거죽을 홀딱벗고
숨차게 달려온 열차에서 튕겨 나온 파편처럼
휘감던 철길 바닷가 뻘 속 깊숙이 파고드네.

아내의 머리를 염색하며

가녀린 자리옷의 아내가 더듬이를 잃었다
까맣던 머리도 밀려오는 파도에
하얗게 부유하는 거품인가
어느덧 하이얀 포말을 덮은
아내의 그 곱던 머릿결은
세월의 깊이가 너무 아득하여
마른 못 속에 젊음을 놓아버렸다
아내의 깃털을 뽑아 염색약을
하얀 포말에 쫌쫌히 발라간다
그 가늘고 조촐한 가난을
소중히 품고 살아온 빛바랜 시간들
다소곳이 앉아있는 아내는
목주름과 견골이 깊이 패였다
겨우내 산구릉 휘감던 회한의 눈나비 같이
하얀 엉클어짐을 염색약이 까맣게 물들인다
어느새 하늬바람이 푸스스 날아와
깃털로 쪼아놓은 머리에 세월을 심는다
나의 빛바랜 침묵을 탕진하는 날에
아내의 까만 머리는 다시 둥지를 틀었다.

초대시

권중화

앞산의 서정 외 1편

한숨에 달려온 세월이 아쉬워
침묵하는 숲속에 흙과 돌을 밟아
새봄 심듯 삶의 흔적을 묻어볼까

풀무질에 정련된 뜨거웠던 설렘과
마음자락에 수놓인 풋잠 같은 여정도
온몸을 풀어 놓은 물밴 숲이 되어볼까

계곡에 고인 이끼 목쉰 그리움도
벼랑 끝 은둔으로 쪼아댄 발자국도
마른가지에 번지는 푸르름을 밀막고
탈피하여 벗어버린 시름 조각들
닳고 해진 속마음도 생소한 것이고 싶다
앞산에서……

낡은 몸빼바지

친정의 빨랫줄에 널린 몸빼바지를 보고야 또렷해졌네
하늘만 빼꼼한 첩첩의 준령에 갇힌 보은의 서원리골에
그다지 옹골지던 대들보가 무너지던 날
청춘을 미처 태우지 못한 엄마는 홀로 버려졌네
네 명의 어린 자식은 무서움에 엄마의 치마 속으로 파고 들었네
내가 머리를 자르고 단발이 되던 날
물가의 두려움에 마중의 손을 놓지 못하던 그 아련함
엄마의 하이얀 젖 냄새 되어 피어올랐네
내가 초경의 두려움에 몸을 떨던 어느 눈비내리는 밤
스물하나의 오라비마저 이승을 버렸네
산에 묻는 이별과 가슴에 담는 헤어짐에 몸을 떨던 엄마
낡은 영사기의 필름이 끊긴 헛바퀴 소리에 세상마저 캄캄했네
그 비벼짐이 두려운 삼 남매는 기억 없는 삶이 무거워
여린 비린내를 풍기며 헤엄쳐 갔네
지금도 작은 서랍장에 수줍어하는 엄마의 낡은 몸빼바지에서
오랜 살 냄새를 맡았네
아직도 노년에 날 무딘 서릿발을 품고 사는 엄마를 보네
엄마……

김도남

본명 김갑승. 전남 장흥 출생, 계간 『착각의 시학』 시 등단. 한국문인협회 회원, 한국착각의시학작가회 회원, 시 창작아카데미 수강. 장흥 별곡문학 회원. 을지로 시동인. 공저《詩 물구나무서기》《詩와 時 사이》《詩끌리오》. 동인시집《빈 젖, 그 비탈진 그리움》.

새 터 잡은 나무

수천 년
이 산하를 지켜오던
소나무, 단풍나무, 팽나무, 자작나무

숲속의 터주 대감들이
새 아파트 화단에 끌려와
서로 끌어안고 격려하며 버티고 서 있다

계곡 물 소리 대신
인간의 욕망 소리
신선한 바람소리 대신
문명의 소음에 숨이 막혀 오지만

보라!
연둣빛 줄기에 파란 꿈 펼치며
새 터의 주인이 되어가는
저 의연한 모습을

내 우산

나에게는 우산이 하나 있다

내가 아파하면
아이 바라보듯
먹을 것도 먼저 챙겨주며
입은 것도 한 번 더 바라봐주는
어머니 닮은 우산이 있다

내가 실수를 해도 감싸주고
화를 내도 참아주며
노후 걱정할 땐 위로해주고
가난해도 배고픔을 잊게 해주는
바보 같은 우산이 하나 있다

나만 씌워주면 좋으련만
자식들까지 받쳐주는
큰 우산이 되어버린 가인佳人
그 아래
가족이 있다

향기를 듣다

새벽녘
억불산 돌아 나오는 막새바람
한들 한 바퀴 휘감아
노란 향기
검정 향기
빨간 향기
하늘 가득 채워온다

매서운 비바람 없이
어찌 목을 축일 수 있겠는가
타는 목마름 없이
어찌 햇살 담을 수 있겠는가
시린 사연 없이
어찌 단 내음 채울 수 있겠는가

톡, 톡
가을 익어가는 소리
눈 감고
향기의 연가 듣는다

사월의 길상사

햇살이 연등 밝히면
청량한 풍경소리 시 한 수 읊조리고
연등은 햇살 한 줄에
풍경소리 꿰어 담는다
시인의 속삭임은
애틋한 소야곡으로 가슴 시리고
대원각이 길상사 되는
연극 같은 사랑은
노송 깊은 골에 밀어密語되어 박혔다
사월의 길상사는
백석과 자야의 하얀 연가戀歌가
가슴으로 들어온다

우리 고모 시집가는 날

하늘과 땅 사이
눈꽃 핀 감나무에 까치가 울어댄다
경계 없이 덮인 새하얀 카펫 위
동네 청년들이
차림이 특이한 낯선 이 가로막고
"나그네의 행선지가 어디냐고 여쭈어라"

초례청 펼쳐진 마당에
연지 곤지 찍고
원삼 족두리 입은 우리 고모
사모관대 입은 신랑 마주보며
행복하게 웃고 있다

하룻밤 새 각시 되어
하직 인사 올리고 신랑 따라가는 우리 고모
뒤돌아보고 또 돌아보며
하얗게 쌓인 애틋한 정
발길마다 눈물 자국이다

새해 기원

천지를 깨우며
천지를 물들이며
새롭게 떠오르는 맑은 해야
너무 깨끗하여
너무 황홀하여
간절히 두 손 모은다
아픈 허리 붙잡고
발버둥 치는 이 땅을 굽어 살피소서
둘인 듯 보이나
애초에 하나이니
홍익인간의 지혜를 모아
사랑으로 어우러지게 하소서
그리하여
이 땅이
세상의 중심이게 하소서

알량한 동그라미

백화점 구경
어쩌다 한 번이지만
아내와 함께 하는 것 가운데
가장 하기 싫은 일이다
맘에 드는 물건을 들고 가격표를 보면
비싼 금액에 기겁한다
아내는
가방도 요리 보고 저리 보고
신발도 만지작거리고
옷도 들었다 놨다
눈요기만 하면서
구석구석을 다 돌아본다
두 시간이 다 되어 갈즈음
빈손으로 백화점 문을 나서는
아내 뒷모습
뒤따르며 눈치만 살피다가
갇힌 공간이 싫다고 투덜대는
한없이 작은 내 그림자
어쩌랴
알량한 동그라미가 없는 것을

나무의 봄맞이

차가운 봄비에
스스로 눈을 뜨고
가느다란 혈관에 수혈을 시작한다

바람 한 줄기로
향수를 빚고
봄비 한 가닥에 잔설 버무려
색조화장 만든다

화장하기 좋은 날
날개옷 입은 새색시 되고
곱디고운 빛은 파란 향 되어
하늘을 닮는다

삼월의 바람은

매화가
봄을 물고 온 마을
이미
기울어진 바람이
거칠게
봄을 핥는다

어미 소가
젖꼭지 물고 있는
새끼의 털을 고르듯
바람이 지나간 자리
새싹들이 가지런히
얼굴 내민다

아무리 거칠어도
삼월의 바람은
봄이다

토끼풀 꽃밭에서

잘 먹고
잘 살고 싶은 욕심

명예를 갈망하는
착각에 빠진 사람들 틈에
행운과 금전운을 찾아 헤매다
뭉개버린 세 잎 토끼풀

해 질 무렵에야
꽃이 피어있는 줄기 하나
사진에 담는다

가을 사랑

단풍이 떨어지길래
가을이 가는가보다 했는데
세월이 가고 있다

낙엽 밟는 소리 들려오길래
기다림이 가는가보다 했는데
내 사랑이 오고 있다

가까이 다가오길래
꼬~옥 안아 주었더니
눈물이 난다

정으로 변해가는
인생의 가을
고마운 마음에 눈물 흘린다

봄비를 기다리며

하얀 눈이
조용히 내려온다
인간들이 눈치 채지 못하게
종교인도
예술인도
법관도
정치인도
본인 될 참인간이 사라진
어지러운 세상을 소복이 덮는다
그리고
모든 추한 것들을 쓸어 담아
햇볕에 태운다
타다 남은 음지의 눈은
검은 눈으로 남아있다
봄비를 기다리며

걸으며 생각하며

겨울 도심
고드름 하나도 매달릴 수 없이
날카롭게 각을 세우고
키재기 하고 있는 건물 사이
칼바람만 스쳐 간다
곡선이 사라진 도심 대로변
둥글고 갸름한 순한 얼굴은
전장에서 끌려온 포로가 되어있다
나는 패잔병 틈새의
모난 도심을 걸으며
어린 시절
허름한 울타리 틈으로 인사 건네고
먹을 것 주고받는
시골풍경 그려본다

빨간 장미

고운 향기
햇살 사이로 스며들어
가슴 두드리고
터질 듯 붉은 입술
심장을 멎게 한다

나도 모르게
손을 내밀었지만
옷깃 사이
숨겨진 은장도
살며시 물러나 향기만 마신다

함부로
만질 수 없는
첫 사랑이다

모내기는

동네 사람들의 품앗이는
어울림이고

길손에게도
어서 오라고 손짓하는 새참은
정겨운 나눔이며

줄 서 있는 푸른 꿈은
가을 농부의 풍성함이다

비가 그치고

싱그러운 산이
눈앞에 다가오고

파란 하늘이 흐르는 냇물엔
작은 물고기 몇 마리
구름 사이 파고든다

무지개 타고 온 바람
녹색 들판에 파도타기 즐기고

삽자루 울러 맨 농부
파도 가르며 무지개 아래로 간다

낯 익은 풍경에 정으로 살아가는
남쪽 하늘 끝 고향 그리워

정남진으로 흘러가는
흰 구름 바라보며 목석이 된다

봄은 봄이네야

친구
빨강 노랑 하양
오만가지 꽃들이 난리가 아니네야
서로 눈길 붙잡은 통에
색시 촌을 걷는 기분이여
으짜다가
못 보고 지나가불면
향기로 코를 찔러분당께
안 보고는 못 배기제
산도 들도
꽃자리 깔아놓고
놀러오라고 그래싼디
어떻게 엉덩이 붙이고 앉아 있것는가
어이 친구
우리가 살면 얼마나 산당가
봄에 빠져 불세

빙수 한 그릇

태양이
대지를 향해
거침없이 불화살을 쏘아댄다
구름은
먼 하늘가에서 다가올 줄 모르고
바람은
뜨거운 한숨만 내쉰다
느리게 가는 중복 오후
유리그릇에 담겨온 빙수
달콤 고소한 얼음 녹는 소리
어린 시절 샘가로 찾아간다
햇살에 익은 얼굴
샘물 한 모금으로 가라앉히고
땀 꽃 피어 가려운 등줄기
어머니의 까칠해진 약손이 쓸어내린다
지금 타들어가는 갈증은
방패막이가 된 아파트 그림자 아래서
빙수 한 그릇으로 씻어낸다

매운 눈물

달랑달랑
쪼끄맣게 매달려 있다가
햇살이 애무하고 바람이 만져주자
점점 커지기 시작하더니
빨갛게 달아오르며 탱탱해졌다

잘생긴 놈을 골라 살짝 깨물었더니
야무지게 배어있는 어머니 땀 내음이
입에서 뜨겁게 맴돈다

맏며느리 시집살이에
농사지으며 육 남매 키워낸 삶이 오죽했으랴
너무 매워 눈물이 난다

홍시

벌거벗은 가지 끝
붉은 꽃으로 매달려 있다

그냥 붉게 익었으랴
그 속에
뙤약볕도
폭풍도
무서리까지 품고 있는 것을

그냥 둥글게 되었으랴
그 속에
태양도
보름달도
별빛까지 팽이 돌듯 감겨 있는 것을

그냥 달달하게 익었으랴
그 속에
기다림도
아픔도
사랑으로 숙성시켜 가득 채운 것을

코스모스의 미소

예나 지금이나
너를 보면 가을이다
네 옆에 노란 호박이 나뒹굴고
네 뒤에는 누렇게 익은 들판이 출렁인다
나는 네 앞에서
익어가는 가을을 바라보며 노을을 눈에 새긴다

예나 지금이나
너를 보면 고향이다
네 위에 고추잠자리 춤추고
네 아래는 풀벌레 노래한다
나는 네 앞에서
남쪽 산마루 넘어가는 흰 구름이 부럽다

예나 지금이나
너를 보면 그리움이다
네 얼굴에 보고 싶은 사람 있고
네 손짓에 다가오는 벗이 있다
나는 네 앞에서
가녀린 춤사위에 아린 가슴 붙잡는다

예나 지금이나
너를 보면 사랑이다
너의 웃는 모습은 변함없어 좋고
너의 이름은 정겨워서 편하다
나는 네 앞에서
너의 보드라운 살 내음으로 가을을 탄다

김가론

경북 상주 출생, 계간 『착각의 시학』 시 등단. 한국문인협회 회원, 한국착각의 시학 작가회 회원, 시 창작 아카데미 수강. 을지로시동인. 공저《詩, 물구나무서기》《詩와 時 사이》. 동인시집《빈 젖, 그 비탈진 그리움》.

숲길 걸으며

쉬었던
봄의 풋내는
바람과 동행한다
연둣빛 그늘 말을 아끼고
포로롱 어미새의 바쁜 몸짓
쫑알쫑알 아이의 입맞춤
위로와 생각을 입은 옷차림으로
난분분한 흔적 더듬어 올올히 있다
아름다운 삶 다 보여주지 않는
전체를 상상하게 하는 여유
넓고 얇음이 포개어진 세상
담장 넘어
사라지는 여백을 향한
발걸음

걸으며 생각하며

立春
雨水를 지나
얇아진 옷 사이로
이월의 바람은 시리다
온몸 던지듯
동백은 툭
할 말을 대신하고
트럭에 실린
겨울은 무지막지 서럽다
“고장난 컴퓨터
철지난 옷
삽니다”

잦아드는 새로운 눈물
나태해진 나를 다독이며
왔던 길 돌아간다

바람은 잠들고

해돋이

달력에 새겨진 숫자
시간의 멀미 느껴
계획없는 여행을 생각한다

까만 별빛 가슴에 들어와
뒤척이는 설렘과 어우러져
밀렸다 때렸다를 일으키는
해일의 소금기가 삶 속에 젖어든다

인파에 쓸려
염주 굴리는 손
세상 무게 내려놓고
일심 밝히는 혼불

고운 눈썹 수줍은 듯 내밀다
본연의 모습 토할 때
간절하게 안기어 염원 태우고 싶다
오묘한 자연 앞에
한없이 작아지는 미물
속없이 주절인다
단 한번도 찾지않던
그분을

내 안의 꽃 1

벽장에 갇혀
혼자 웅얼거렸던 어둠
접었던 날개 펴고
이리저리 쏘다닌다

잠방거리는 나비의 추임새
쏟아지는 비를 피해
끝인가 싶어도 날고 또 난다
다양한 색의 인분으로 비늘 곱게 차려입고
여유로운 인사 나누며
숨 고르기 한다

우산이 만든 물결세상
마음에 들어와 파문 일으키고
파르르 젖은 몸
우산과 비
그리고 나

내 안의 꽃 2

짠내나는 여름
매미 소리에 사그라지는
거기에 내가 서 있다
가슴은 말갛게 연둣빛으로 흩어지고
바람에 쏠리는 세포들의 반란

건너편 횡단보도
한 사내
은근슬쩍 스치는 순간
가슴이 사라졌다
쓸어담고 만져보아도 있어야 할 곳에 없는
상처의 자리

낮은
황량한 어둠을 향해
손가락 사이로 빠져나가고
시야를 가리는 울분
내 안에 나를 가두지 말자

Notte(밤이여)

달빛 내려앉은 마음속
테너, 베이스바리톤, 바리톤, 베이스가
어우러진 밤이여
화려한 기교
근접할 수 없는 아우라에 흠뻑 젖는다
옆집 아저씨 파바로티는
지금 어디서 마음에 와닿는 소리를 내고 있을까……,

터질듯한 심장은 높은 절정에 흡수되어
모든 걸 잊게 하는 희한의 미소
평생 들어도 생경함에
어지럽던 머리가 익숙한 음에 맑아졌다
소중한 것은 소유를 멀리하라는 말인가!
마음의 잔 채우는
그날의 향기와
그날의 풍경

소름 돋는 삶이다

*루치아노 파바로티_ 성악가(이탈리아의 테너 가수)

유혹

가지는 벌써
낮은 담장을 넘어
낯선 이의 허리를 감고 낭창낭창

한 잎
한 잎

번져오는 유혹
서슬퍼런 멍울 알면서도
만지고
또 만진다
말하듯이

풀꽃

작은 어깨의 흔들림은
나약하지만
너와 나의 시선이 엉켜
그저 평범하기를 바란다

우주에서 바라본 작은 점 하나
생의 한가운데 놓인
누군가의 눈물 속을 걸으며
아파했을 시간
삶의 퍼즐 조각
숨 고르기 한다

어제
오늘
같은 길을 걷고 또 걸어도
표정은 수천만 가지의 위로와 미소
풀꽃
소망
원하는 대로 불어주는 바람
한결 자리 지키는
너를 닮고 싶은 세상

그래
그냥
민채야

느긋함을 읽은
봄바람
느리고 느리게 걷는다

창가에 앉은 햇살
스멀스멀
떡잎 만들고
반은 기울여
가슴 뭉근하게 하는 好視節(호시절)

햇살에 나앉은 시든 화초
영양분 채워 물 주고
긴 시간 습관처럼 받아먹고 마시며
버팀목 세워도 즐기는 관심 사그라든다

천 길 벼랑을 보듯
더 이상 피지 못한 너
늘 그랬던 것처럼
진실을 덮는 사실을 알기에

"그래
  그냥
    민채야"

이분법

바람의 표정은
아이의 가을이다

구월이면 제사와 겹친 생일
한 번도 켜보지 못한 촛불
투명한 하늘마저 허물을 벗는다

일터로 향하는 엄마의 모습 뒤로
큰 탈없이 허기 채우던
서툰 젓가락질

엄마가 된 그녀
체면 없는 모성은 친정을 찾아
속을 터놓고
수시로 변하는 아버지의 모습에
나를 위한 시간은 긴장이었다

어느 날
수화기 너머
타인을 대하듯

무딘 눈물은
무시로
또 무시로

여자의 방

쏟아지는 파란 빛
여과 없이 가슴을 관통한다
마음의 나이는 어긋난 시선에
설익어
마른 낙엽 위에 몸을 던지고
도무지 알 수 없는 향기
실눈으로 속을 다 태워
이파리 물들이는 짠한 가을
순간으로부터 영원하기를
마른 바람에 이르며
또 하나의 문턱을 넘어선 계절
삶의 쉼표와 느낌표를 반복하듯
오롯이 맞추어 가는
성숙함이 지극하다

나는 어디에

길을 걸을 때에도
혼자 티비(TV)를 보다가도
운전을 하면서도
울컥
쏟아지는 눈물 멈추지 않는다
편백의 평온함이 주는 염려로 버티는 순간
머릿속
생각 주머니에 끌려
스스로를 인정하려는 낮달과의 입맞춤
내밀한 욕망 꿈틀거린다
시간에 기대어 사는 친밀함
모든 걸 품고 살기에
매양 에돌던 응시 저어하며
노을에 스며드는 나는
명지 바람도 좋고
색채가 주는 선에 머물러도 좋은
그 아무나가 되는

오늘은

하늘 사이로
손끝에 머무는 바람은 부드럽다
세상은
목말라 하는 네게
희망의 씨앗을 새겨 넣었다
곡선으로 어우러지는 정점
온전한 삶을 위한 마음의 눈동자
주름진 마디마디에 맺힌 언어의 반란
구부정한 등짝이 스치듯 멀어지는
깊숙히 남아있는 간절한 시간
결국 살아내야 하는 인생
참으로 다행이다

삶의 신호

바람이 쓸리는 날
나뭇잎은
햇살에 뒹군다

벌겋게 맨살 드러내고
휘어지는 갈피마다
들끓는 아픔
거미줄에 걸린 가을 하나
속 드러내며
똑같은 일상 없음을 안다
가려진 낮달에 우는 가슴
허공에 내걸리고
막다른 골목이 내어준 삶
畏敬 삼키며
흔들리는 유혹 버틴다
빛나는 세상 향한
고단한 몸
가을은 그림처럼 지나
겨울이

*畏敬_두려워할 외, 공경할 경

느티나무의 울음

내 집 앞에 서 있는 느티나무
'1790년 정조대왕은 화성 축조 당시
느티나무의 나뭇가지를 잘라 서까래를 만들었다
나라에 어려운 일이 닥치면 구렁이 울음
소리를 내서 신성시했다'
그 후 천연 보호수로 지정되어
산신제·단오제를 지낼 정도로 각별했다
어느날
강풍과 폭우로 쓰러졌다는 뉴스가 나오고
밑둥은 찢기고 반으로 갈라진 처참한 모습
거대한 몸짓은 신도시 개발에 지반이
흔들리고 바람의 쏠림 현상으로 몸살을 앓았다
오백삼십 년의 목숨은 한순간에 무너지고
인간의 욕망 앞에
더 이상 울음을 낼 수 없는 역사

*수원시 영통_ 2018년 6월 26일 오후 경기도 수원시 영통구 단오어린이공원 내 보호수로 지정된 느티나무가 폭우를 이겨내지 못하고 쓰러져 있다. 이 느티나무는 둘레 4.5m. 높이 33m 수령 500년 된 보호수로 조선 정조대왕이 수원 화성을 축조할 당시 나뭇가지를 잘라 서까래를 만들었다고 전해졌다.

새벽 4시

천둥, 번개의
당당함에 쪼그라드는 근육
밤을 깨우는
윗층 남자의 드럼 소리는
젖은 발자국 소리가 되어
퇴적층이 된다
서둘지 않고 연주하는 곡에
불면증은 아스름하다

어느날
소리는 멈췄고
뒤척이는 잠은
바닥에 귀를 대고 환청에 시달린다

산굼부리에서

나무가 열어주는 길 걸으며
떨리는 감정은
시월처럼 넉넉하다

일상을 탈출한
일곱 명의 여자
꽃차례 길이 만큼
설렌 맘으로
산굼부리 억새에 오른다
일렁이는 바람의 자연스러움에 속을 다 보이는
자글거리는 가을빛
한마음 다른 모양으로
나를 버리니
바라보는 눈빛은 절정이다

다른 삶에서

시대의 소음은
투영이 안 되는 현실에서
가다 멈춤을 알고도
순간의 묘미 즐긴다

내려놓음으로 유속에 맞추어
길고 가벼운 호흡 얹어
비단결로 감싸 영혼을 지배한다
때로는
조악한 것으로 파문을 일으키기도 하지만
멀리 돌아가는 길
강렬함으로 와닿는 순간
사막의 모래 숨구멍은
바람에 따라 회오리로 집을 짓는 자유로움을 얻는다

사그락
차가운 생명은 온기 찾아
시에 견주어 사는
또 다른 삶

마음의 거울

햇살 받으며 하늘 보니
정원에 있는 듯 홀가분하다

가릴 수 없는 수만 개의 얼굴이
스치는 순간
넋을 잃고 마주하는 눈동자
아주 천천히 느리고 느리게
타들어 가는 입술에
침을 삼키는 순간도 죄인 양
납작 엎드려 살기 전에는
알 수 없는 마음
빛나는 별 응시하며
사리지는 소리에 귀 열어놓고
보이고 보이지 않는 경계
은밀하게 거래하는 또 다른 나

산사에서
— 새해 나들이

능선 따라 온순한 산의 모습은
그대로이다
산만한 버스 안
할머니의 굽은 허리와 함께 한 보시 가방
백팔배 염주 굴리는
손마디 마디의 세월
자식의 안위와 풍요를 위한 기도
처음과 끝을 위한 안식의 기도

산사에 울리는 독경
휘어진 가지 춤추게 하고
잔가지에 걸린 새의 둥지
목련의 여린 꽃망울
바닥에 뒹구는 낙엽의 몸부림
수만 번 담아내니
그 흔적의 변화를 두려워하지 않는다
이름 모를 풀의 청초함이
딱딱한 바람과 대비를 이루며
나를 담았던 세상
또 다른 탄생의 조화를 부추긴다

김들샘

전남 목포 출생, 계간 『착각의 시학』 시 등단. 한국착각의시학작가회 회원, 시 창작 아카데미 수강. 을지로시동인. 공저 《詩, 물구 나무서기》《詩와 時 사이》. 동인시집 《빈 젖, 그 비탈진 그리움》《詩 끌리오》.

가을의 언어

푸른 하늘에서
새어나오는 가을
가쁘게 유리 강을 건너온다
바람에 젖은 눈시울
쉽도록 무거워져
까무룩 둔덕에 주저앉아
그들만의 언어로 이야기한다
눈을 감아야 들리는
미안해……
고마워……
사랑해……
가을이 귓속말하는 동안
고개를 주억거리며
서서 우는 억새들
세월이 무거워 가슴치며
조금씩 허리가 굽는다

바람은 시간을 되감고

시린 숲 속
겨드랑이 간질여
재채기에 튀어 나온
말의 씨앗들
'그랬어'
'어머, 그랬어?'
'그래'
'그랬구나'
두런두런 잎사귀들의 수다
바람결에 번져
웃음이, 눈물이
그렇게 다녀가고
한 보따리 그리움이
허공을 적신다
너무도 하얀 뭉게구름
가슴에 묻기엔 이른 시간
어지럽게 재생되는 오후

저 산도 꿀꺽 눈물 삼킨다

골 깊은 산
바람 쫓아 넘어 오니
하얀 서리로 묻어나는 꿈 한 조각

낯선 돌 틈 사이
묵묵히
잎을 내고 꽃 피우고

봄 빛 따라 개나리 울던 날
모두 길 떠나 보내시고
마음에 산이 하나 오도카니

스무해 순정, 훔쳐내던
세월은 달빛에 젖어
선한 빛으로 물들이고

온 산 헤매며 하루종일
어미 새 바쁘게 날아들었을 —
그 외롭고도 뜨거운 삶 이제야 헤아려본다

물들어 가는 저 산도
고개 숙여 꿀꺽
아픈 눈물 삼킨다

늦어버린 재회

행여!
새벽이 올까
눈 감을 줄 모르던
행복의 시간

영원으로 향하던 간절함
어둠에 묻히고

어디를 향하는가
방향 잃은 초점
얼마나 흔들리는가
겨울바다에 담궈진 심장

힘 하나 없는 얼굴에
오래 전 바람 찾아와
미소 내어줄
낡은 사랑 드러내니
모든 날들은 여행이었고

거칠지 않은 사랑으로
미쳐가고 싶은 얼굴

그리워서 아팠다는
한 마디를 내뱉고
달빛 모두어 긴 숨을 내쉰다

사북의 바람

바람이 슬피 운다
목 놓아 운다
머언 산 휘돌아가는 새를
머언 바다 떠도는 새를
붙잡을 수 없어
오늘 밤도 사북의 바람이 분다
바르르 떨리는 시간은
밤하늘에 닻을 내려
옛 추억의 꽃을
걷어 올리고
지난 계절에
푸르게 앉은 이끼
잠 못 드는 밤
꿈을 쫓는 두 눈에
하얀 눈이 흩날려
아득한 꿈도 흩날려
바람이 목 놓아 운다

그리워서

하늘도
까닭 없는 슬픔을 내어놓는 날
바람도 갈 곳 잃어
울음소리 향 피워올린다

자박자박 눈 오는 길
동백 한 떨기
향기 없는 설움을
기어코 터트려

가슴에 남은
초롱한 소리
동박새 그리워
붉은 물 짓이기는 밤

결코
흩날리지 않는 꽃으로 남아

겨울빛에 헹궈낸
미소 띤 울음의 그림을 내어놓는다

환 치는 밤

붉은 혀 춤추는
밤의 얼굴은 서글픔
별빛 쏟아지는 날은 사라져 가
어둠은 깊어만 가고
화살촉 겨누어진 심장의 상처들
패잔병으로 기어나와
하나 둘 무덤을 쌓는다

눈을 뜨거나
혹은 감거나
살아있는 죄인들의 밤
쇠스랑 찬 두 발
억겁을 헤매이며
뒤척이는 그림 속에서
덧칠을 긁어내는
수만 개의 땀방울은
작은 석실을 적시고

환 치던 판
새벽 어스레해지는 시간

깊은 밤에 새겨
눈을 감거나
혹은 뜨거나
살아가는 죄의 날

밤새 내린 눈은 너무도 새하얗다

구와말 피는 자리

낙토를 꿈 꾸는 황토 위
순한 눈망울과 엮여있는
코뚜레 끌고 가는
두툼해진 손

속절없는 동행에
짊어진 죄의 무게
굵은 땀방울로 내려

고대 광실 곳간 채워주던
비옥한 땅에 갇혀
모진 인연으로
쟁기질하는 하루하루

아픔도 설움도
질끈 동여맨
하얀 콧김은

달개비 같은 생명
가슴 훑고 가는

세월의 바람
긴긴 살풀이 춤을 춘다

작고 순한 구와말
아득히 넓은 자리
지금은 눈 쌓인 빈 들

*구와말_ 벼를 베고 난 자리에 피는 꽃

북소리

바다 위 작은 배 기울기울 떠가는
어둔 밤 타고 수초는 하늘하늘 춤을 춘다

비바람 속 눈물 에우고
홀로 절벽에서 피어나는 꽃처럼
선 채로 날마다 바다를 두드리며
천상을 깨워

멍든 상처 여러 빛깔 토해내는 소리
하늘가에 올라 앉아 밤새 돌탑을 세워
어둠이 휘어지는 길목
달의 눈물은 슬픈 선율 그려낸다

먹빛 두른 사방
물결에 물려있는 장단 없는 노래
스쳐가는 밤바람은 허허로운 듯 —

수초 그러안고
기울기울 작은 배는 떠간다

프레임

가시 많은 선인장에 번번이 찔려
말라죽게 내버려두자니
그럴 수 없어 꾸역꾸역 물을 주다가
한쪽 구석에 치우고 보니
비쩍비쩍 말라 간다
그 모습에 마음이 흔들려 한참을
바라보는데……

커다란 틀 하나 깨기 위해
혼자 걷는 길이 자꾸만 흔들려
기억이 머물던 곳을 통과하는 시간은
더디 흐르고
또 하나의 눈물에 미련을 담아
바람에 실어 멀리 보낸다

나뭇잎 그늘에
눈많은그늘나비 날개 접으려 하니
뒤에서 불어오는 잔잔한 바람은
아픈 밤 기억하는 아침을 위로한다

풀꽃

풀꽃을 마주하는 건
누군가를 마주하는 것

소박한 미소로
누구보다도 먼저
반겨주고 안아주고

흔들리며 지켜내는 자리
너도바람꽃 따라
나도바람꽃 피어

덧없는 구름은
저 하늘을 흐르고

바람에 그려지는 눈물은
강물처럼 내게로 와

늘 보고 싶은
풀꽃의 또 다른 이름은
'엄마'

라면 한 그릇

조심스레 꺼내 보는
선물 받은 하루

엄마와
아내와
며느리와
그리고 ……

때가 되면 해야 할 일들
종종종
응급실로 달려가던 매운 시간 지나
사춘기에 마음졸이던 짭짤한 시간 지나

끓어오르는 감정 조절하며
담담하게 기다리니
미소 송송 곁들여진
진국의 하루 차려진다

숲길 걸으며

대나무 밑 파고드는
흙의 연약함을
가만히 다독이는 낮달

숲 사이
잠시 잠든 햇살에
바람의 아리랑 배어든다

가만히 내려놓는 긴장
멀리 파도 소리
메아리는 울타리 되어

남몰래 울음 놓고 가는 바람
아픈 바람만이 위로한다

바람의 환승
악장을 넘긴 첫 음의 고백으로
부드러운 쉼표 되어
단단해진 마음을 노래한다

걸으며 생각하며

지우고 싶은 이야기 하나
눈부신 하늘에 파란이 일어
닿을 거리만큼 다가와 선다

생가지로 군불 때다가
삶이 멍들어버린 언니를
다그쳐대는 어리석음

에밀레종소리는 죽어서야 더 큰 세상으로 가고
꽃 진 자리에 남아있는 서러운 이야기

언젠가 생각이 따스해지면
석양 내리는 강가에 앉아
다시 쓰고 싶은 언니의 이야기

한파

하얀 길을 만든다
휘몰아치는 바람을 뚫고
눈이 내려

동그마니 웅크린 생각 사이로
간혹 내쉬는 숨비소리에
깊어가는 한 여자의 밤

고집이 언 곳은 언제나 빙판길

새벽강을 건너 온 아침
가문비고목나무에 걸려
얼어붙은 고집을 녹이려 한다

봄비

서둘러 오려는 봄을
서둘러 가려는 봄을
잠시 붙잡아두려
비가 내린다

죽비 맑은 소리에
지난한 계절을 딛고 일어선
여린 꽃잎

녹아나온 마음의 때
봄비 내려앉은 자리에 사라져

목마른 갈증에 하루를 같이 울어도
노오란 복수초는
잊히지 않을 계절을 기억하며
서러운 봄을 담는다

치자꽃

사월이 펼쳐진 남해
작은 다랑이 마을
농부들의 하루하루가 앉아
햇살을 받아마신다

봄이 가득한 산벚꽃길에
휘날리는 눈물로 뿌리내리고

휘어져 깊숙이 자리 잡은 기억은
종종 자리를 털고 일어나
어디론가 떠나고 싶어

옛이야기 풀어놓는 길 따라
아픈 마음 위로해주려
치자꽃 푸른 향기
하루종일 넘실댄다

숨

달무리 사이로
새어나오는 숨
비가 되어
생각을 덜어내고 있다

진실은 빗물에 섞여
소란스럽고

보이는 세상이나
보이지 않는 세상이나
외줄 타는 밤
달맞이꽃도 비에 젖는다

피었다 지는 동안
비워내는 무게는
긴 숲으로 나와

다듬어지지 않은 생각은
무거워진 눈꺼풀에 갇혀
덜어낸가 싶더니
밤새 제자리

설 주

본명 심영자. 종합문예지 《착각의 시학》 시 등단,
한국착각의시학작가회 회원, 시 창작 아카데미 수료,
공저 《詩가 아프다고 말할 때》

나대로 가방 ·
잠실역 8호선 ·
첫사랑 ·
양파의 외출 ·
시드니 공항 ·
계단을 오르는 남자 ·
전화 한통 ·
하얀 눈물 ·
새벽 눈의 고백 ·
엄마는 나를 닮았다 ·
아버지 ·
응시 ·
안양유원지에서 ·
찔레꽃 사랑 ·
비 오는 어느 봄날 ·
여름 계단 ·
여름 구름발 ·
검정고무신 ·
들국화의 꿈 ·
허수아비 사랑 ·
코스모스 초상 ·
거리를 걷는다 ·
겨울나무 ·
또 하나의 길 ·
어머니의 계단 ·
말씀의 의자 ·

나대로 가방

분주한 거리를
갖은 모양으로
숱한 어깨와 동행하며
쏘다닌다

태고적부터 있었던
넌
진화된 모습으로
삶의 테두리를 만들었다

풍요와 빈곤
가난과 부자

누가 만들었을까

어느 잣대 하나 생겨
너로 인해
헤아림을 받기도 한다

시름과 기쁨을

토해내며
큰 입 벌려 채우라 하는
너에게
나의 전부를 담아
광장시장을 누빈 오늘,
난
꿈을 채우려 한다

잠실역 8호선

'오금 가
오금 안 가
이건 8호선이고
오금은 5호선이야'

어머니들의 실랑이가
해질녘 바쁜 마음만큼이나
다급해진 삶의 목소리로 다가온다

저를 어쩌나

내 갈길 바빠 종종걸음 옮기며
괜한 오지랖이
뒤를 돌아본다

교대 사당 방면 2호선
줄줄이 엮어진 끄나풀
하염없이 흐르고

하루를 마무리하는

시린 발목
지하도를 빠져나와
노을 속에 발 담그는 여유

첫사랑

달빛이 서성이는 밤나무 숲
화들짝 놀란
달그림자 뒤로하고
귀퉁이 돌아
가녀린 허리를 감싸던 손길

별빛 드는 늦은 가을밤
볏짚에 기대어
서로의 체온으로
별을 헤이며

의미를 모르는
너의 침묵에
흘리던 눈물은
전설처럼 울어대던 개구리 소리에 묻히고

가로등 불빛 따라 반짝이는 어둠은
타오르는 용광로 되어
한여름 밤 하늘가에 붉은 수를 놓았다

양파의 외출

손길 따라
이리 딩굴
저리 딩굴
늦은 노을빛
속치마 두르고
자판대 위
잔뿌리로 서 있다

초록빛 고운 여름날
단단히 일어서서
어느 손길 만나
세상 모퉁이 돌고 돌아
눈 시리게
한 겹 한 겹 벗겨내는
숨겨둔 언어들

입 안 가득 나를
춤추게 한다

시드니 공항

감성마저 멈춘 듯한
인도양 가장 큰 섬 호주
낯선 동쪽 하늘 붉게 물들이며 깨어난다

공항으로 가는 길
수직의 야자수
쫑긋히 귀 기울여
“안녕”
“잘있어 잘가”
인사를 한다

여행의 여백은 피로로 채우고
비행기를 기다리는
난
시드니 국제공항 터미널에
추억 한 가득 안고 서 있다

출입국 검색대 앞
하얀 머리 세관원
여유로운 눈빛을 지나

종이에 앉은 얼굴 스캔하고
무덤한 표정으로 기다리는 시간

화려한 진열대 명품들이
나를 유혹하지만
나는 공항터미널 10번 출구를 바라보며
나를 쇼핑한다

계단을 오르는 남자

바람이 머문 비릿한
봉천역 3번 출구
흥정하는 남자 목소리
빗속에 젖어 있다

얼마일까 하는 의문은
집에 해 두고 온 갈치조림과 함께
흔들리며 달린다

핸드폰에 멈추어 버린 시선들은
고목의 숲 되어
달리는 기차 속에서
빼곡이 차오른 희비로
넉넉한 숨고르기를 원하고

아침부터 생선을 팔던
남자의 사연이
터벅터벅 계단을 오른다

전화 한 통

어버이날
양가부모 함께 하자는 아들 전화
괜한 섭섭함이
며느리 전화를 기다렸나 보다

“제가 생각이 짧았어요
죄송해요 어머니!”

세우지 않은 듯
세워 둔 칼날이었을까

수백 년 흘러 사라지지 않는
남아 선호
무의식에 숨겨둔 자존심

그게 뭐라고
전화 한 통에 사그라지는 노여움

싱그런 오월
텅 빈 가슴
따뜻한 사랑 가득 채운다

하얀 눈물

아득한 그날
도랑에 웅크린 개구리
부화를 꿈꾸던 때
작은 내 손 잡고 동생을 업은 엄마는
쫓기듯 외가 집으로 갔다

돌아가라는 외할머니의 호통에
선잠으로 깨어나
준비해준 시루떡 이고 나선
백리길
떡 위로 흐르는 엄마의 눈물을
닦아 주던 아이
집으로 가는 알 수 없는 슬픔이
희미하게 다가온다

열다섯에 시집 와
머슴살이 남편 바라보며
이집 저집 날품으로 섬기던 시집살이
낫 놓고 기역자 몰라
야학 다닐 때 머리채 휘어 잡히며

놓지 못하던 배움의 끈
고달픈 삶의 시간이었다

팔순에 묻힌 아픔은
더 이상 흐르지 않는 눈물이다

새벽 눈의 고백

어느 날 끄집어 낸 이야기
'그걸 니가 기억하니?'

새벽녘 세상은 하얀빛으로 열렸다

그 무렵
서까래에 목을 매고 늘어진 엄마의 이야기는
탯줄 자국이 갓 말라가던
내 나이 다섯 살
아무 영문도 모른 채 거세게 흔들리는
엄마의 발끝을 붙잡고
두렵던 울음으로 부르던 그 이름

새하얀 얼굴로 먼 세상을 바라볼 때
아스라이 들려오는 어린 딸 울음소리에
목에 걸었던 새끼 줄 풀고 호흡했다는 고백

삶과 죽음을 모르던 아이는
아린 가슴 애써 지웠는데

작은 산책 길
소복이 쌓인 하얀 눈을 밟으며
문득 떠오르는 기억 하나

이제는 그 서러움을 넘어서서
기꺼이 고백한다
바람 속으로 하얗게 흩어지듯

엄마는 나를 닮았다

엄마는 나를 닮았다
나는
엄마를 닮았다

길게 목 놓아
풀어헤친 붉은 빛은
가슴으로 흐르고

해 지는 들길 휘청이며
집으로 가는 모습
가슴에 얹혀 놓은 짐
내려놓지 못하여
또
꺼억 댄다

누가 던졌을까
아직도
품고 있는 응어리 하나

내가 엄마를 닮은 줄 알았는데
엄마가 나를 닮아
무쇠 솥으로
다가온다

아버지

안개 자욱한 들길
낡은 경운기 소리
구십 평생
이루지 못한 자식 사랑 나른다

유선으로 안부를 묻는
딸 목소리에
"오냐 별일 없냐?"
늘 같은 인사다

오늘
문지방 너머 아버지를 보았다

굽어진 허리
지팡이 하나
이른 찬바람 가르며
어딜 가느냐고 인사를 할까

그냥 지나치며
그리움에 울컥

"언제 오냐?"

기적 소리에 실려 오는
묵중한 음성

보고 싶다

응시

낙원상가 가는 길
노부부 두 손 꼭 잡고
멈추지 않는 시간 비껴가며
위태로운 걸음 걷고 있다

골목 작은 꽃집
커다란 회색 통 가득
꽃들의 향연 아찔하고
수많은 꽃대들 사이
꺾여 진 꽃가지 하나
풍성한 트리안 품 안에서
보랏빛 미소로 피어난다

춘삼월
묵은 먼지 털고
길 위에 안부 물으며
종로 3가 돌아
낙원상가 가는 길은
봄볕처럼 환하다

안양유원지에서

허기진 오후를 채우며
김중엽 박물관 정원에 앉아
안양유원지를 바라본다

뚜벅뚜벅
봄 단장한 여인의 발소리
벗은 구두는 제멋대로
곱게 두른 스카프
바람에 밀려
흩어진 마음 붙잡는다

희뿌연 하늘
봄볕 다가와 말을 건네고
가뭄으로 메마른 마음에
바람으로 다가오는 그 분의 음성
하늘가에 퍼진다

찔레꽃 사랑

어미새 부르는
아기새 울음
저녁 빛에 날개 퍼덕인다

하이얀 찔레꽃 필 때면
어미 새의 분주한 손길
가난은 두려움으로 밀려오고

풀어헤친 보따리는
취나물, 고사리, 분대, 찔레순……
한낮의 배부른 허기로 쏟아져 내린다

하얀 꽃 피우지 못한
아홉 살 어린 사랑은
아직도
분대* 속 희망으로 피어나고

*분대_ 전라도 깊은 산에 분포, 취나물의 식물로 잎에 하얀 분이 났으며
설날 인절미 만들 때 사용한다.

비 오는 어느 봄날

"스크린 도어가 닫힙니다"
"스크린 도어가 열립니다"

반복되는 안내 방송
무너지는 몸의 균형
밀려드는 사람들
부대끼는 계절의 아우성

얼었던 내 마음에 문이
서서히 열리고 있다

여름 계단

햇살이 따갑게 온몸을 감아 내리며
오후를 즐기는 시간
노동은
소금기 담은 물줄기를 쏟아낸다

골목에 내앉은 작은 화분
채송화 곱게 피어 헐떡일 때
하얀 구름이 쉬어가고
바람의 다독거림은
속까지 적셔주는 고마움

모자간의 동행이기에
돌아설 수 없는 길
땀방울 뱉어내는 빗자루와 걸레마저
침묵만으로도 숨이 가쁜 날

'언제까지 할까?'
무념으로 물어 오는 아들
'할 때까지 해야지(이제 그만)'
겉과 속이 다른 대답이다

몸이 힘겹게 말을 걸어 와
질편히 눕고 싶어질 때쯤이면
게으름 피우는 그림자와 함께
이른 하루를 마무리한다

여름 구름발

허물어질 듯 흘러가는
구름발
능소화 전설
애타게 그리다
마음 깊은 곳
눈물 고인다

아직도 잘라내지 못한
내 안의 허상들
차창 밖 속도 따라 질주하니
바람과 소곤대던 푸른빛이
말을 건넨다

독립공원 바라보는
응축된 감정의 편린들
사는 날들의 수고로움을
발효시킨다
그것이 기쁨이고
감사라고

검정고무신

한낮 더위 피해 돌 틈에 숨어 있는 다슬기
해질녘에 저녁을 준비하는지 살금살금 나온다
바구니 가득 담아 오겠다는 소박한 꿈 안고
다슬기 잡는 즐거움에 빠져 있던 난,
물살에 미끄러져 가는 신발을 바라보며
"내일 학교는 어떻게 하지?"
엄마는 오일장 가는 날이나 잔칫집 갈 때 신던
하얀 코빼기 고무신에 누런 종이를 구겨 넣어 신으란다
햇살마저 우울한 등굣길
키만큼 자란 풀 섶의 위로를 받으며 들어선 학교
아이들 짓궂은 놀림에 쭈그리고 앉아
치마를 펼쳐 감추었던 아홉 살 부끄러움은
시냇물에 씻긴 하얀 꿈이었다

들국화의 꿈

가을걷이에
산새도 분주한 산골
풀 섶에
보랏빛 미소로
살포시 서 있다

가을 빛
그림자가 외로운
넌
창가에 서 있는
소녀를 만났지

너와 함께
키웠던 꿈
쉰다섯 고개 넘어
숨겨둔 나를 찾는다

허수아비 사랑

햇살 담은 단풍이 돌담 따라 노래한다
참새 한 마리
푸드득 푸드득
가을과 함께 춤을 추며
푸른 시절 어느 곁에 묻어 두고
아픈 상처
고운 빛으로 피어나
잔디 위로 걸음마 한다

텅 빈 들판
덩그마니 시간을 붙잡는 허수아비
슬픈 사랑 기다리며
파르르 떤다

찬 서리 맞으며
너와의 약속 담아
먼 곳으로 띄우는
가을 편지는
나의 노래입니다

코스모스 초상

하늘 이고
가는 허리 부여잡아
춤추는 몸짓
나의 사랑이어라

너의 꿈
내 꿈이 되고
너의 눈빛
내 소망이 되었네

너를 닮아
마디마디가 시리지만
형형색색
바람으로 살아가는
나의 꽃이 되었다

거리를 걷는다

습관이 발을 옮긴다

수선스런 길 위
낮은 몸으로 따라 붙는
낙엽 한 장
농익은 삶의 빛인가 보다

골목 바람도 품지 못하는
어미 마음은
그 빛 따라
오늘도 보도블록에
담금질을 해 본다

거리를 흐르는
살아 있는 소리
죽어 가는 소리
내가 서 있는 소리

어느새
터진 상처는 아물고
막다른 내 집 앞에 서 있다

겨울나무

하얀 기둥 하나 세우고
잔가지로 서 있다
지나는 바람에
스스륵 부딪는 가지는
오는 이 없어 외로웠다고
흔들흔들 인사를 건넨다

지난 가을 이별한 낙엽은
그의 곁에 있어
보내지 못한 사랑으로
밑둥이를 토닥토닥
다독인다

새들도 찾지 않는
텅 빈 산허리
따사론 겨울 햇살
가득 차
봄날을 노래하며
푸름 하나 남겨둔다

또 하나의 길

마음 한켠
움켜쥔 바위섬
파도에 씻겨나간다

밀물 되어
쏟아진 상처
치유하는 손길 따라
인내하며 걷는다

봄 여름 가을 겨울
어느 한 날
맑은 날 없을지라도
감사하라시기에
순종으로 걷는다

어머니의 계단

구십 넘어
작은 몸 구부려
삐뚤삐뚤
철자법 틀려도
따박따박
하나님 사랑 적으셨습니다

일상이 된지 삼 년
기쁨으로
쓰신 공책 펼쳐
사진으로 남겼습니다

며느리
사랑 고백하시며
가신 길
한 삽 흙 뿌리며
남긴 한마디
"권사님이 내 어머니여서 감사합니다"

애끓는 사랑으로

쉬 오르지 못하신 길
한 계단 한 계단
당신이 남기신 자취는
천국 계단입니다

말씀의 의자

무심히 바라본 영상
주름이 환한 얼굴
어디선가 본 듯한 모습
맘 깊은 곳에 내려앉는 꽃잎이다

매일 아침
곱게 접어둔 정갈한 자리
자그마한 방 가득
늘 채우던 갈증

말씀이 의자 되었던
숱한 날들이
천국의 꽃으로 핀
그날

우리는
이별의 슬픔보다
기쁨으로
요단강 건너
찬송가를 불렀다

어느덧 5주년
당신이 앉았던 의자에 기대어
남기신 믿음의 길 따라
날마다 날마다
나도 걷는다

해솔

전북 출생, 종합문예지 《착각의 시학》 시 등단,
한국 착각의시학작가회 회원. 시 창작 아카데미 수강. 을지로시동인.
동인시집 《빈 젖, 그 비탈진 그리움》 공저 《詩와 時 사이》《詩끌리오》
석정문학 백일장 동상 수상(2016), 안양인문글판 공모 및 수상, 안양시 월간지 공모 및 수상.

여름의 모습

6월
느닷없이 재채기를 하고
으스스한 열 감기를 앓는다
타들어 가는 목구멍 몇 개의 알약
몸속 신경을 잠재우고 떠날 수 없는 자유를 녹이고 있다

7월
데워진 세상을
반쯤 눈을 감고 바라본다

차를 담고 있는 찻잔
듣지 않으면 흐르지 않을 음악
세탁기 안에서 말라가는 물기
쌓인 먼지와 제 자리 지키는 목각인형
너그럽지 않은 민낯을 묵인해주는 일기장
발바닥을 안아주고선 자신의 자리를 알고 있는 신발

내가 가진 인내심보다 융숭한 사랑이다

8월
삶의 뒤란에 바람이 들 게다
해가 뜨고 기우는 대로 움직이는 그림자와 함께

어떤 위로

노을은 입추를 끌고
잡음이 가라앉지 않는 밤을 향한다

빈 의자마다 그림자 누이고
비밀스러운 이야기를 듣고도 전하지 않는 무심한 달 아래
물병 옆구리에 끼고 발을 끌며 가는 여자
발 뒤꿈치 따르던 바람의 온기
여자 머리카락 사이사이를 채워주지만
휑한 광대 아래 금방이라도 굵은 눈물이 내릴 기세다
시야에서 멀어지는 여자 뒤로 어둠은 거미줄에 걸려

사는 것 토닥토닥
살아지는 것 토닥토닥
토닥토닥 살아야 하는 것

당연히 그렇게

보리피리 흐르던 봄
그리움 절여진 여름
강한 어머니의 웃음, 별보다 빛나던 가을
등 굽은 초승달, 그믐달에 걸려 은둔을 초월한 겨울

늘
변하고 변하는 게 마음이듯
파도치는 게 바다였고 계절을 입고 벗는 게 산이라며
이름을 잃어 간간히 고인 눈물은 몸도 맘도 내려놓으라 한다

멀어져 작아진 눈빛
소리는 반복되는 기다림의 비움과 채움

꽃을 따라 흐르던 시간은 자연의 전갈임을 알았음이야
모든 게 낮게 찾아와 낮은 곳으로 사라져 갈 줄 알았어

그럴 줄 알았어

아무렇지 않아

마타리 꽃 피우던 뜰엔 오래도록 등이 켜져 있다

자리마다

5월
텃밭을 잠시 묵히기로 했다

그사이
길가 널어놓은 은빛 바람과 구름에 걸려 파랑이 되어 남은 하늘 안고
바람의 춤 노래하는 후트 티 새와 사랑에 빠져보기로 했다

게으름 무르익는 동안
잠시 지나다 주인이 된 풀꽃과 잡초를 비집고 들어와
제 집처럼 살아내는 콩 메뚜기, 장수하늘소 애벌레, 무당개구리, 풀무치

설익어 떨어지는 매실 장단에
삐죽삐죽 고개 드는 고수 향내, 익어가는 보리수
허기 달래주는 명아주 나물과 쇠비름

무심 자리마다
해, 달, 비, 바람은 이들을 돌봐 살게 했나 보다

자주 들여다보게 되는 발밑
젖은 시간 말리는 목련꽃 차와 마주하다
언뜻
새소리 따라 피었다 떠난 병꽃나무를 본다

자리마다 꽃은 아니였어
자리마다 내 꽃 만은 아니였음을

하마터면

걷다
잠시 멈춘다
그림자도 따라 멈춘다
나를 온전히 잊을 뻔했다

걷다
뒤돌아본다
그림자가 날 쳐다본다
야윈 뒷모습이 흔들릴 뻔했다

걷다
하늘을 본다
삭풍 속 부르던 봄노래
풀뿌리처럼 평범함을 잃을 뻔했다

어제와 다른 오늘
비켜서지 못한 억겁의 연
가쁜 숨소리마저 무너져 버릴 뻔했다

오늘과 다를 내일

몇 모금의 파란 햇볕과
몇 잔의 바람 축제는 허락되지 않을 뻔했다

하마터면—

휘어진 갈 바람

만추晩秋,
손바닥만큼
고집 센 낡은 관절이
바스락 대는 잔가지에 붙어 있다

개미 숨구멍에 끼어
객지에서 잠드는 별
그리고
병원. 사진관. 은행. 학원
멀리 있는 구름과 그림자-

겨울이 몰아쳤던
그곳이다

낭창낭창
국화향의 젖은 시월
수런대던 넝쿨장미
지독하게 참는 법을 배운다

싸-아-악 싸-아-악

낯선 현실로 쓸려 가는
한 귀퉁이 바람

갈바람 휘어진
그들의 별채엔
같은 영화가 동시상영 중이다

라면 한 그릇

그리울 때 더 아름다운 기름진 인연
구부구불 나쁘지 않은 짭짤한 기억
두 갈래 같은 길 옹이 진 시간을 건져
다문 입술 물들여 목젖 데운다

시간 구경

달라진 바람 끝
감빛 옷자락 길어지고
바람 색도 취기 오른 시월

북새 떨던 태양의 그림자는
멋없이 자란 들풀 위 내려서
조화롭게 풀어낸 삶에 대해
노심초사 쓸쓸함 그 이후를 묻는다

혼자 견뎌내던 질서
고심 한가닥 두르고
추신 없는 편지를 쓰는 분꽃 향
선善을 찾아가는 시간이다

금속성 배인 한숨은
고집스러운 오늘을 지켜내 보지만
모든 것이
시詩와 노래가 되는 자연의 이치에서
물기 밴 속눈썹은 허기진 삶에게
고인 햇살을 보시한다

그 숲에서

숲 길 걷는다
돌부리에 걸려 멍든 엄지발가락 위
나뭇잎 하나 내려앉는다
바람 구부러진 숲 햇살은 곧고
숲을 열어보려 하지만 쉬히 보이지 않는다

숲 속을 걷는다
아직 숨 쉴 수 있음을 확인한다
숲 속은 길고 어둡지만 한없이 포근하다
나무는 숲에서 이름을 잃기도 하고
길을 헤매기도 하다 아침과 저녁을 맞이한다
시든 꽃잎을 깨우고, 죽은 나무는 더 이상 깨우지 않고
욕심은 채우지 않는다

솔밭엔 솔바람
버드나무엔 버들 바람
널 품는 동안
구불길에 서서 쉴 새 없이 달아나는 구름을 보고
반가운 삶 인양 평온은 깊어진다

가을 누구세요

꽃이라 알고
꽃 임을 알고
차가운 하늘 아래 핀 산국
안거할 채비에 무너지는 푸른빛 사이
정갈히 굽은 지상 위로 가득 꺼내놓았다

가으내 조촐하게
소멸할 찬란한 빛깔들
두런두런 새소리에
일렁대는 하늘 옥빛으로 물들고
향 젖은 해사한 몸짓 나비와 벌을 부르는데

대체
가을 누구세요

겨울 사과나무

바람에 흔들리던 겨울 사과나무
서로 다른 큰 나무와
언젠가 지고 마는 작은 꽃들을 춤추게 한다
두고두고 익어갈 나의 것들
두고두고 익혀야 할 끝없는 성장통
눈에서 멀어지고 없는 질투의 비늘이 벗겨진다

부족함은 명멸하고 있다

구름 한 점

큰 뜰
수채화를 담다
집으로 가는 길을 잃었나 보다

해 질 녘
노래하던 바람과
출렁대던 바다를 기다리고 있나 보다

가시연꽃 위
떼어낸 마음 한쪽
찾아보지만
별빛
달빛
조각난 서풍에 멀어지고
구름 한 점만이 위안을 건넨다

꽃은 풀처럼 풀은 꽃처럼

따로인 적 없는 자연
터덕거리던 먼지 털어내려 찾은 그곳
날갯짓하는 나비 무리 속 널 본다
아니 꽃 너였다
투명한 종이 같다 하여 페이퍼 플라워
또 부겐베리아

넌
집 없는 강아지 코끝에서
가시덤불 고양이 발톱에서
꽃보다 더 예쁜 꽃이 되어
들뜬 내 가슴에 흐드러진다

분명 꽃이다 두 개의 이름을 가진
담장을 넘지 않은 너였다면
그럴듯한 화분 속 너였다면
받아들임을 마다 하지 않았으리라

잠들지 않고 하품하는 태양 아래
길을 잃지 않는 여행자

풀은 풀처럼 누웠듯
꽃이라 아니하거든
그냥 꽃처럼 살라 한다

교만한 하루

바람아래 부스러지는 마음
알 수 없는 회상을 두르고 현란히 춤추는 멍에
여린 국화 옆을 지나왔을 바람 타고 집으로 가는 길
가장 먼저 눈을 뜨고 세상을 바라보던 연꽃잎
그리워진다

쉼 없이 혼탁한 자문들로 채워진 하루 끝
이곳에 있어, 내 영역은 완전도 완벽도 아닌 신의 영역
그곳에 있었기에 아름다웠던 지난날의 충만을 잊고
아주 교만한 하루 인색한 축복의 기도는 늘 짧다

그렇다면

우주 먼 귀퉁이 돌다
바람 밖 바람 길을 혼자 걷는 순례자
나와 그들의 약속된 잉태는
어렴풋 지고 지던 노을 마주하다
마디마디 지절 대는 시든 통증을 잠재운다

그들과 나는 눈부신 만남
여러 날 먼저 우는 가슴 파란 대문에 걸어두고
해마다 흔들리던 꽃 이야기는 젖게 놔두기로 한다

달그락달그락
바람소리로 채워졌던
부끄러움까지도 지워지지 않는다면
우수마발牛溲馬勃이다

그렇다면—
그렇다면—

새날
나날이
아모르파티Amor Fati

우수마발(牛溲馬勃)_ 소 오줌과 말똥. 흔하면서 아무 가치 없는 것
아모르파티(amor fati)_ 자신의 운명을 사랑하라

그와 딸

세상이 부여한 아름다움을
거부하지 않는 노병을 바라본다

그들의
멈추지 않는 날갯짓에
알고도 모를 꽃과 나무가 된 연분홍 애증
무너진 요새를 지키는 마른 독수리는
진주 빛 저녁을 모두 물어다 놓았다
비경 속 이끼 실없는 바람 잠 재우고
삶이 별거냐며 으름장을 놓는다

세상의 아름다움은 노병 앞에서 춤추는데
견고한 오동나무 울림은 게으른 풍경을 노래하고
햇살에 젖은 의문 그 심장과 늑골을 지나지만
붉은 안색으로 마주할 수 없어
겨울과 하나 되고픈 눈사람이 된다

부지런도 병

창을 비집고 들어온 햇살
슬금슬금 도망치는 찬바람
푸른 생명 펴 올린다기에
설렘 안고 콕 박힌 풀을 뽑는다

무딘 호미 끝
잠에 취해 미동 없는 경칩驚蟄
이런 아직도!
부지런도 병!
훈김 서린 흙 툭!툭!
계절 한 조각 덮는다

바람 따라 길어진 민들레
눈보다 먼저 귀를 열어 본 적 없는 거울 앞
정박을 잠시 미루고, 사라짐을 비우고
찾아올 봄을 마중한다

별에게

너와 나 흐르다 만나 빛 나는 별이 되었다
어느 한구석 모자라 빛나지 않았던 별이 아니다
많이 그리워했던 우리였기에 한자리에 만나 빛을 내는 별이 된 것이다
그래서 기적 같은 인연이 아닐 수 없다
바람길 따라가는 우리들은 외로움을 가질새 없이 소망을 부르는 별들이다
성장 안에서 멈추지 않고 익어가는 것과 죽음을 알고 있는 우리네가 아니던가
늙어가는 것이 바로 나이기에 소리 없는 순종을 사랑하지 않을 수 없다
그러니 우리 만나 빛을 내었던 모든 것은 살아가면서 외로움과 슬픔을 잠시
잊을 수 있는 선물이고 아름다운 구성이라 생각하자
나 살아가면서 빛을 안고 있는 별 하나 본다면 못내 그리다 곁을 맴도는 너인 줄 알고
흩어진 내 마음 다잡고 함께임을 알고 오래도록 외롭지 않게 지낼 것이다.
오늘이 가고 내일이 온다 하면 또 어디서 만날 수 있을까
잠시 머무는 세상 부디 아프지 말고 사랑스러운 맘을

안고 살다 가길 바란다
심장 전부를 흔들어 숨 쉬게 하는 빛나는 기적은 우주로 향하고
이제
이곳에서 그곳에서 서로의 길을 갈 것이고 가야만 한다

백일홍

한 겹 위 한 겹
두 겹 위 다시 두 겹
그리움을 빌어
기다림을 덮고
뒤서거니 앞서거니
백일은 굳건히 머물다 갈 작심
하루에도 수십 번
요동치는 지천명이여!
곱다 꺾이지 마라
가볍다 흔들리지 마라
피었음을 애처롭다 마라
혹여 백 년을 알게 된다 해도

뭉크의 여름

땀방울은 열매가 되고 초록은 더 선명해지는데
여름을 밟고 가는 개미들의 행로는 휘어져 있다

태양과 맞서는 바늘꽃은
별 탈 없다는 듯 달아오른 화염 속을 머뭇댄다
제자리 찾아 간간히 불어주는 훈풍 속에
까닭 모를 변덕은 빈곤을 담아내려다
그만 한 바가지 쏟아버리고 말았다
쪽빛 웅덩이에 살~살 쓸어 모아 보지만
예전엔 보이지 않던 어둠의 티끌과
삶이 흔들려 흔들렸을 이유들의 부스러기는
거친 생각의 끝인 양 뭉크의 절규되어 —

평화의 바다를 건너 낙엽 위에서 춤추는 연어가 웃는다
지구 밖을 헤엄치며 스스로 빛을 내는 별도 따라 웃는다
천사가 다녀갈지도 모르는 숲에서
서두름 없는 태양도 웃는다

흔적으로 남겨지기 위한 탐욕이란 걸 알았다

동인 주소록

김도남

(우)07393 서울 영등포구 신길로108, 9동 305호(신길동, 남서울아파트)
E-mail. kgs0908@hanmail.net

김가론

(우)16527 경기 수원시 영통구 매봉로20, 105동 1103호 (매탄동, e-편한세상)
E-mail. couldja@hanmail.net

김들샘

(우)10089 경기 김포시 태장로846, 203동 1902호(장기동, 한강센트럴A)
E-mail. kimm1009@hanmail.net

설주

(우)08783 서울시 관악구 쑥고개로1길, 16 101호
E-mail. syj0035@hanmail.net

해솔

(우)17047 경기 용인시 처인구 중부대로 1313번길 20-23(역북동)
양우내안애 2차 114동1701호
E-mail. 인수천사@hanmail.net

정든별

(우)07040 서울시 동작구 상도로 392-21(상도동497-9) 1층

장해란

(우)05643 서울시 송파구 방이동 122 스타빌 202호
E-mail. hongmi303@hanmail.net